Petit monde vivant

Les phoques et les otaries

Bobbie Kalman & John Crossingham

Traduction : Marie-Josée Brière

Les phoques et les otaries est la traduction de *Seals and Sea Lions* de Bobbie Kalman et John Crossingham (ISBN 0-7787-1323-7)
© 2006, Crabtree Publishing Company, 612 Welland Ave., St.Catherines, Ontario, Canada L2M 5V6

Catalogage avant publication de Bibliothèque et Archives nationales du Québec et Bibliothèque et Archives Canada

Kalman, Bobbie, 1947-

   Les phoques et les otaries

   (Petit monde vivant)
   Traduction de : Seals and sea lions.
   Pour enfants de 6 à 10 ans.

   ISBN 978-2-89579-165-2

   1. Phoques - Ouvrages pour la jeunesse. 2. Lions de mer - Ouvrages pour la jeunesse. I. Crossingham, John, 1974-   . II. Titre.
III. Collection : Kalman, Bobbie, 1947-   . Petit monde vivant.

QL737.P6K3414 2007   j599.79   C2007-941046-4

Recherche de photos : Crystal Foxton

Remerciements particuliers à la National Oceanic and Atmospheric Administration/Département du commerce

Photos : iStockphoto.com : Joe Gough : page 13 (en haut) ; Harry Klerks : page 12 ; Kevin Tate : page 19 (en bas) ; National Oceanic and Atmospheric Administration/Département du commerce : page 31 ; SeaPics.com : © Robin W. Baird : pages 23 (en haut) et 30 ; © Bob Cranston : page 15 ; © Goran Ehlme : page 23 (en bas) ; © Florian Graner : page 22 ; © Mark J. Rauzon : page 11 (en bas) ; © Kevin Schafer : page 21 ; © Masa Ushioda : page 13 (en bas) ; © Stone, Lynn/Animals Animals – Earth Scenes : page 27 ; Visuals Unlimited : Brandon Cole : page 29 ; Charles McRae : page 8 (en haut)

Autres images : Corel, Digital Stock, Digital Vision, Eyewire et Photodisc

Illustrations : Barbara Bedell : pages 5 (sauf l'otarie à fourrure), 6 (phoque moine), 15, 19, 24-25 (krill, épaulard, manchot, requin et calmar) et 29 ; Katherine Kantor : pages 6 (phoque annelé) et 24-25 (léopard de mer) ; Bonna Rouse : pages 5 (otarie à fourrure), 6 (éléphant de mer), 7 et 24-25 (arrière-plan, otarie de Kerguelen, pieuvre et phoque de Weddell) ; Margaret Amy Salter : pages 24-25 (harengs, loupes et plancton)

Nous reconnaissons l'aide financière du gouvernement du Canada par l'entremise du Programme d'aide au développement de l'industrie de l'édition (PADIÉ) pour nos activités d'édition.

Conseil des Arts   **Canada Council**
du Canada   **for the Arts**

Bayard Canada Livres Inc. remercie le Conseil des Arts du Canada du soutien accordé à son programme d'édition dans le cadre du Programme des subventions globales aux éditeurs.

Cet ouvrage a été publié avec le soutien de la SODEC.
Gouvernement du Québec – Programme de crédit d'impôt pour l'édition de livres – Gestion SODEC.

Dépôt légal – 3e trimestre 2007
Bibliothèque nationale du Québec
Bibliothèque nationale du Canada

Direction : Andrée-Anne Gratton
Graphisme : Mardigrafe
Révision : Johanne Champagne

© Bayard Canada Livres inc., 2007
4475, rue Frontenac
Montréal (Québec)
Canada H2H 2S2
Téléphone : (514) 844-2111 ou 1 866 844-2111
Télécopieur : (514) 278-3030
Courriel : edition@bayard-inc.com

Imprimé au Canada

Table des matières

Des mammifères

Les phoques et les otaries sont des mammifères. Ce sont des animaux à sang chaud : leur corps reste toujours à la même température, qu'il fasse chaud ou qu'il fasse froid. Les mammifères ont aussi une colonne vertébrale. On dit donc que ce sont des vertébrés.

Comme tous les mammifères, les phoques et les otaries ont des poumons qui leur permettent de respirer de l'air. Ils ont aussi le corps couvert de poils ou de fourrure. Et les mères allaitent leurs petits : elles les nourrissent de leur lait.

Des mammifères marins

Les phoques et les otaries appar-
tiennent à un groupe d'animaux
appelés « mammifères marins ».
Ils vivent et se nourrissent surtout
dans l'océan. Certains mammifères
marins, par exemple les phoques,
les otaries, les morses et les ours
polaires, vont et viennent entre l'eau
et la terre ferme. D'autres, comme
les loutres de mer, les lamantins, les
baleines et les dugongs, passent
tout leur temps dans l'eau.

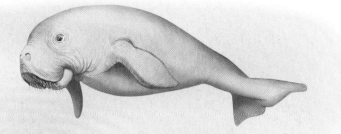

Les dugongs, ou vaches marines, vivent exclusivement dans l'océan. Ils se nourrissent de plantes marines.

*Les ours polaires
ont une épaisse
fourrure qui les
garde au chaud,
dans l'eau
comme sur
la terre ferme.*

Trois familles

La plupart des scientifiques
classent les phoques et les otaries
dans l'ordre des pinnipèdes. Ce
groupe de mammifères marins se
divise en trois familles. La première
est celle des phoques, ou phocidés,
qu'on appelle aussi « phoques sans
oreilles » ou « vrais phoques ». La
deuxième est celle des otaries, ou
otariidés ; ce sont les « phoques à
oreilles », comme les otaries à
fourrure et les lions de mer. Les
morses forment la troisième
famille de pinnipèdes.

*Le phoque
moine est
un phocidé.*

*Le lion de mer
fait partie de
la famille des
otariidés.*

*L'otarie à
fourrure est
une espèce
d'otariidé.*

*Le morse est
apparenté
aux phoques
et aux otaries.*

Des espèces variées

On dénombre aujourd'hui environ 18 espèces de phoques et 16 espèces d'otaries. En voici quelques-unes. Le corps des animaux des deux familles se ressemble beaucoup.

Les phoques

En réalité, ces animaux qu'on qualifie de « phoques sans oreilles » ont des oreilles. C'est simplement qu'elles ne sont pas couvertes d'un repli de peau appelé « oreille externe ». Elles ne sont donc pas visibles.

Le phoque annelé tire son nom des petites taches en forme d'anneaux qui marquent sa fourrure.

Chez les phoques moines, les femelles sont plus grosses que les mâles. Elles peuvent mesurer jusqu'à 2,4 mètres de longueur, tandis que les mâles, par exemple chez les phoques moines d'Hawaï, dépassent rarement 2,1 mètres de longueur.

L'éléphant de mer du Sud est un des plus gros phoques. Le mâle peut peser près de 3 000 kg ! Il doit son nom à sa grande taille et à son gros nez.

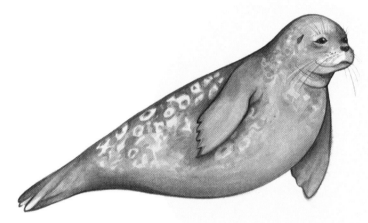

Les otaries

La famille des otaries compte neuf espèces d'otaries à fourrure et cinq espèces de lions de mer. Les animaux de ces deux groupes ont de petites oreilles bien visibles.

On voit souvent des otaries de Californie sur les côtes de cet État américain.

L'otarie de Kerguelen est une des rares espèces d'otaries qui vivent dans des régions froides. Son corps est couvert d'une épaisse fourrure.

Chez l'otarie à crinière d'Amérique du Sud, le mâle a une énorme tête entourée d'une épaisse crinière de fourrure. Une crinière, ce sont de longs poils sur le côté et le dessus de la tête d'un animal.

Les plus grosses otaries à fourrure sont celles d'Afrique du Sud, qu'on voit ci-dessus, et d'Australie. Ces deux espèces sont presque identiques.

On retrouve une seule espèce de phoque en **eau douce.** C'est le petit phoque du Baïkal, qui vit dans le lac Baïkal, en Russie.

Ce lion de mer d'Australie vit près des côtes, au sud de l'Australie.

Les phoques et les otaries vivent dans l'eau salée, dans les différents océans du globe. Les phoques sont concentrés surtout dans les **mers polaires** glacées, tandis que les otaries préfèrent les mers tempérées, où les saisons changent. L'eau y est chaude en été et froide en hiver. Quelques espèces de phoques et d'otaries vivent aussi dans les eaux chaudes des mers tropicales. Ces mers se trouvent près de l'**équateur,** où il fait chaud toute l'année.

Mon domaine à moi

Le secteur où les animaux vivent, se nourrissent et ont leurs petits forme ce qu'on appelle leur « domaine vital ». Pour la plupart des espèces de phoques et d'otaries, ce domaine vital se trouve dans les eaux côtières, près du rivage. Certaines espèces vivent toutefois en haute mer, loin des côtes.

Petit domaine, grand domaine

Certaines espèces de phoques et d'otaries ont un domaine vital restreint. Ces animaux vivent toute l'année dans le même secteur de l'océan, là où ils trouvent à manger. C'est le cas par exemple du phoque moine d'Hawaï. D'autres espèces ont un domaine vital plus vaste, parce que ce sont des animaux qui migrent. Ils parcourent de grandes distances pour se rendre dans un autre secteur à certains moments de l'année. Par exemple, les otaries à fourrure du Nord passent l'hiver en pleine mer, dans le sud de leur domaine vital. Au printemps, elles migrent vers le nord pour avoir leurs petits.

Sur la terre ferme

Même s'ils passent la majeure partie de leur temps dans l'océan, les phoques et les otaries de toutes les espèces doivent se rendre sur la terre ferme pour donner naissance à leurs petits. Ils sortent aussi de l'eau pour échapper à leurs **prédateurs,** pour se reposer et pour se chauffer au soleil. Ceux qui vivent dans les eaux côtières s'installent sur le rivage, tandis que ceux qui restent au large choisissent des îles isolées. Certaines espèces migrent vers les mers froides et se hissent sur d'immenses plaques de glaces flottantes qui forment ce qu'on appelle la « banquise ».

Les éléphants de mer du Nord migrent plus loin que toutes les autres espèces de phoques et d'otaries. Ils passent la majeure partie de l'année dans le nord de l'océan Pacifique. C'est là que se trouve leur principale aire d'alimentation. Mais ils parcourent des milliers de kilomètres vers le sud pour mettre leurs petits au monde sur la terre ferme, en Californie.

Cette otarie de Californie se chauffe au soleil sur une plage de sable.

Le corps musclé des phoques et des otaries est conçu pour nager et plonger. Ces animaux ont une forme fuselée qui les aide à se déplacer rapidement dans l'eau. Les phoques et les otaries de toutes les espèces ont des membres en forme de nageoires : deux nageoires antérieures, ou avant, et deux nageoires postérieures, ou arrière, pour nager. Ils ont aussi de longues moustaches très sensibles qui les aident à s'orienter dans l'obscurité de l'océan. De plus, leurs narines se ferment quand ils plongent dans l'eau.

Le phoque

Le phoque se sert de ses nageoires postérieures seulement pour nager. Ces nageoires sont en fait des pattes palmées, ce qui veut dire que les orteils sont reliés par une mince couche de peau. Cette caractéristique aide l'animal à se propulser dans l'eau.

narines

moustaches

Certains phoques ont des griffes sur leurs nageoires antérieures. Ils s'en servent pour se traîner sur la terre ferme.

Des boules de graisse

Toutes les espèces de phoques et d'otaries ont de la graisse sur le corps. Chez la plupart des phoques, cette graisse forme une couche très épaisse (de 7 à 10 centimètres environ) qui leur permet de conserver leur chaleur.

Une fourrure fine

Les phoques ont le corps couvert d'une fourrure courte, constituée de touffes de poils fins. De nombreux poils poussent à partir de chaque follicule, c'est-à-dire le trou dans la peau par lequel sortent les poils. Chaque année, les phoques quittent l'océan pour **muer** ; ils perdent alors leur fourrure par touffes.

L'otarie

oreille externe

Les otaries peuvent tourner leurs nageoires postérieures vers l'avant, mais les phoques en sont incapables.

La fourrure des otaries est plus épaisse que celle des phoques.

Les otaries n'ont pas de griffes sur leurs nageoires antérieures.

mâle

femelle

Quel beau manteau !

Les lions de mer et les otaries à fourrure ont une fourrure abondante qui leur couvre tout le corps, sauf les nageoires et certaines parties de la face. Chez les otaries à fourrure, cette fourrure est faite de deux couches de poils. La première couche, qu'on appelle « sous-poil », est épaisse et douce. Elle est dense et recouverte d'une huile qui repousse l'eau. La deuxième couche est faite de longs poils raides appelés « jarres ». Ces poils emprisonnent une couche d'air par-dessus le sous-poil. Cette combinaison d'air et d'huile garde la peau bien au sec. Même si c'est une fourrure épaisse, chaque poil pousse séparément, à partir d'un seul follicule. Ainsi, les otaries à fourrure ne perdent pas leurs poils tout d'un coup ; elles muent graduellement, tout au long de l'année.

Chez les otaries, comme les otaries à crinière d'Amérique du Sud qu'on voit à gauche, les mâles sont beaucoup plus gros que les femelles de la même espèce.

Des nageoires différentes

Tant dans l'eau que sur la terre ferme, les otaries et les phoques ne se servent pas de leurs nageoires de la même façon. Les otaries sont capables de tourner leurs nageoires postérieures vers l'avant. Elles peuvent ainsi « marcher » sur la terre ferme à l'aide de leurs quatre nageoires.

Les phoques, eux, sont incapables d'orienter leurs nageoires postérieures vers l'avant. Sur la terre ferme, ils se traînent donc uniquement à l'aide de leurs nageoires antérieures.

Sur la glace, les phoques glissent vers l'avant en agitant leur corps de haut en bas, dans un mouvement qui ressemble à une vague.

Les phoques poussent

Les phoques nagent en agitant leurs nageoires postérieures de gauche à droite. Ce mouvement les propulse rapidement dans l'eau. Ils ne se servent pas souvent de leurs nageoires antérieures pour nager. Ils les gardent généralement collées le long de leur corps, mais il leur arrive de les étendre sur les côtés, ce qui les aide à garder leur équilibre en nageant.

Les otaries « battent des ailes »

Les otaries à fourrure et les lions de mer ont des nageoires antérieures longues et fines, qui ressemblent à des ailes. Les muscles de leur cou et de leurs épaules sont bien développés, et ils s'en servent pour agiter leurs nageoires antérieures de haut en bas dans l'eau. C'est ainsi qu'ils nagent. Les otaries ne se servent pas de leurs nageoires postérieures pour nager ni pour se diriger dans l'eau.

Cette otarie à fourrure de Nouvelle-Zélande tourne ses nageoires postérieures vers l'avant pour se déplacer sur la terre ferme.

La technique de nage de cette otarie de Californie comporte deux mouvements différents. Pour le mouvement de poussée, l'otarie ouvre ses nageoires antérieures et les oriente de manière à ce qu'elles poussent contre l'eau. Pour le mouvement de redressement, elle ramène ses nageoires antérieures près de son corps. Elle peut alors glisser facilement dans l'eau.

13

Des méthodes différentes

Les phoques moines d'Hawaï ne plongent généralement pas très profondément. Ils descendent de 10 à 40 mètres environ, et leurs plongées durent de trois à six minutes. Les phoques de Weddell, eux, plongent sous la glace de l'océan Antarctique. Ils peuvent plonger de 40 à 50 fois par heure, à des profondeurs de 50 à 500 mètres, pour chercher de la nourriture. Quant aux éléphants de mer du Nord, ils peuvent descendre de 350 à 400 mètres et passent en moyenne de 20 à 30 minutes dans l'eau à chaque plongée.

Le léopard de mer effectue de petites plongées rapides pour se nourrir.

Les phoques et les otaries sont d'excellents plongeurs. Ils vont sous l'eau pour trouver de la nourriture et échapper à leurs prédateurs. De façon générale, les phoques plongent plus profondément que les otaries, et pendant plus longtemps. Les phoques de certaines espèces restent dans l'océan durant des semaines ou des mois à la fois ; ils font alors des plongées très fréquentes. Les phoques et les otaries adultes peuvent descendre plus loin que les jeunes et rester sous l'eau plus longtemps.

Remonter pour respirer

Les phoques et les otaries doivent remonter à l'air libre pour respirer. Les lions de mer prennent généralement une seule inspiration chaque fois qu'ils refont surface, mais les phoques et les otaries à fourrure sortent la tête de l'eau plus longtemps, pour respirer plusieurs fois entre deux plongées. Les animaux des espèces qui restent dans l'océan pendant de longues périodes dorment sous l'eau. Certains s'installent dans des trous qu'ils trouvent dans la glace ou dans les rochers. Ils remontent à la surface pour respirer et redescendent ensuite sans même se réveiller ! Une partie de leur cerveau reste en alerte pour contrôler leur respiration quand ils dorment.

Sous pression

Dans l'océan, la pression de l'eau pousse de toutes parts sur le corps des animaux marins. Cette pression augmente avec la profondeur. Juste avant de descendre sous l'eau, dans une piscine, tu prends une grande inspiration. Mais le phoque, lui, vide ses poumons de leur air avant de plonger. C'est parce que l'air est plus léger que l'eau. Comme le phoque plonge en profondeur, le poids de l'eau qui l'entoure crée une pression sur son corps. Si ses poumons étaient remplis d'air, ils seraient écrasés par la pression de l'eau, plus élevée que celle de l'air.

Des réserves d'oxygène

Les phoques et les otaries ne retiennent pas leur souffle quand ils sont sous l'eau. Ils entreposent plutôt de l'**oxygène** dans leur sang et dans leurs muscles. Le sang circule toujours vers leur cœur et leur cerveau, mais pendant les longues plongées, certains de leurs **organes** cessent temporairement de fonctionner. En mettant par exemple leur foie et leurs reins au repos, les phoques et les otaries peuvent économiser leur oxygène et rester plus longtemps sous l'eau.

Cet éléphant de mer du Nord peut plonger à des profondeurs auxquelles aucun humain ne pourrait survivre !

Grâce à ses grands yeux, ce phoque voit aussi bien sous l'eau que sur la terre ferme.

Les sons, la lumière et les odeurs ne voyagent pas de la même façon sous l'eau que dans l'air. Comme les phoques et les otaries vivent dans l'eau et sur la terre ferme, leurs sens doivent être aussi efficaces dans ces deux milieux.

Des yeux brillants

Dans l'océan, il fait clair près de la surface, mais très sombre dans les profondeurs. Les phoques et les otaries ont de grands yeux qui laissent passer le plus de lumière possible. Le fond de leurs yeux est tapissé de **membranes** qui forment ce qu'on appelle le « tapis choroïdien ». Ce tapis choroïdien réfléchit la lumière qui pénètre dans leurs yeux, ce qui double la quantité de lumière. Ces animaux voient donc très bien, même quand il ne fait pas très clair autour d'eux. Sur la terre ferme, la **pupille** des phoques et des otaries se rétrécit considérablement pour limiter la quantité de lumière qui entre dans leurs yeux.

Ouïe, ouïe !

Les phoques et les otaries ont une excellente ouïe, tant sous l'eau qu'au dehors. Sous l'eau, il est difficile de savoir de quelle direction viennent les sons. Mais ces animaux ont dans les oreilles des os spéciaux qui les aident à localiser les sons. Quand ils chassent, ils suivent ces sons pour trouver leurs proies. Les proies, ce sont les animaux que mangent les prédateurs. Les phoques et les otaries se servent aussi de leur ouïe exceptionnelle pour savoir où sont leurs petits et les autres membres de leur groupe.

Tu sens bon !

L'odorat des phoques et des otaries ne leur est pas utile pour trouver leurs proies dans l'eau. Mais sur la terre ferme, c'est un sens très important. Comme chaque animal a une odeur caractéristique, les phoques et les otaries d'un même groupe peuvent se reconnaître à leur odeur. Par exemple, la mère sait ce que sent son petit et hume l'air pour le retrouver dans un gros groupe. Certaines odeurs indiquent également aux mâles que les femelles sont prêtes à s'accoupler, c'est-à-dire à s'unir à eux pour faire des bébés.

Cette mère et son petit se reconnaissent à leur odeur.

Les roqueries

Comme quelques autres mammifères marins, les phoques et les otaries se rendent sur la terre ferme ou sur la glace pour s'accoupler et avoir leurs petits. Dans l'eau, ils vivent généralement seuls ou en petits groupes. Mais, à la **saison des amours,** ils forment en dehors de l'eau d'immenses colonies appelées « roqueries ». Ainsi, les mères sont à l'abri des prédateurs marins. Et, comme les roqueries réunissent beaucoup d'animaux, tous les membres de la colonie sont aussi mieux protégés des prédateurs terrestres pour s'accoupler et avoir leurs petits.

Sur la terre ferme

Beaucoup d'espèces de phoques et d'otaries se réfugient sur la terre ferme. La plupart, comme les otaries de Steller, forment des roqueries sur des îles parce qu'on y trouve moins de prédateurs terrestres que sur le **continent.** D'autres espèces, par exemple les otaries à fourrure d'Afrique du Sud, peuvent s'installer soit sur des îles, soit sur le continent.

Sur la terre ferme, les roqueries peuvent réunir des milliers de femelles. Pour assurer la sécurité du groupe, quelques animaux surveillent les prédateurs et avertissent les autres à l'approche d'un danger.

Sur la glace

La plupart des espèces de phoques installent leurs roqueries sur la glace. Trois de ces espèces – les phoques de Weddell, les phoques du Baïkal et les phoques annelés – forment leurs colonies sur la glace fixée. C'est de la glace épaisse reliée au rivage. D'autres espèces se rassemblent sur la banquise. La banquise se compose de grandes plaques de glace qui flottent et qui dérivent.

La loi du plus fort

Chez les otaries à fourrure et les lions de mer, de même que chez quelques espèces de phoques, les mâles sont beaucoup plus gros que les femelles. Dans le cas des éléphants de mer du Sud, ils peuvent atteindre dix fois la taille des femelles de la même espèce ! Il arrive que deux de ces énormes mâles se battent pour pouvoir s'accoupler avec une femelle. C'est le plus fort des deux qui obtient ce privilège.

Quel tapage !

Les phoques et les otaries communiquent par vocalises, c'est-à-dire en faisant des sons avec leur voix, en particulier dans les roqueries. Pendant l'accouplement, les mâles émettent des grognements et des grondements sonores afin d'éloigner leurs concurrents. Et, quand un prédateur s'approche, tant les mâles que les femelles poussent des cris aigus pour avertir les autres membres du groupe.

Les roqueries installées sur la banquise sont plus petites que les autres. C'est parce que la banquise n'est ni aussi grande, ni aussi stable que la terre ferme ou la glace fixée.

Les combats entre éléphants de mer sont bruyants et impressionnants. Les deux mâles soulèvent l'avant de leur corps, et frappent la tête et la poitrine de leur adversaire pour démontrer leur force. À la fin du combat, ils sont tous les deux couverts de coupures et d'égratignures.

Les femelles phoques et otaries n'ont généralement qu'un seul petit à la fois. Les nouveau-nés ont les yeux ouverts tout de suite après leur naissance, et ils font de petits bruits pour dire à leur mère qu'ils ont faim.

Chez la plupart des espèces de phoques et d'otaries, les petits sont capables de se déplacer et de communiquer dès leur naissance. Les petits phoques communs savent même nager après une heure à peine ! Ils restent généralement à côté de leur mère.

Pas de temps à perdre !

Les bébés phoques qui vivent sur la banquise ne sont allaités que pendant deux semaines environ. Le lait que produit leur mère les aide à grossir rapidement. Il est très gras et rempli d'**éléments nutritifs,** pour que les petits se fassent bien vite une couche de graisse. Les bébés phoques du Groenland, par exemple, peuvent passer de 11 à 34 kilogrammes en neuf jours seulement ! Mais la mère doit bientôt les sevrer. Elle arrête graduellement de les allaiter parce que la banquise sur laquelle elle les nourrit se défait constamment. Pendant qu'elle allaite ses petits, la mère phoque jeûne ; elle cesse de manger et survit grâce à l'énergie amassée dans sa graisse. Une fois ses petits sevrés, elle les laisse pour retourner chasser. Les petits commenceront bientôt à nager et à chercher seuls leur nourriture.

La douceur de l'été

Chez les espèces d'otaries à fourrure, de lions de mer et de phoques qui vivent dans des endroits chauds, les mères allaitent plus longtemps leurs petits. La plupart des bébés phoques sont sevrés après quatre à six semaines environ, tandis que les bébés otaries sont allaités pendant six à onze mois. Les otaries à fourrure des Galápagos nourrissent même leurs petits pendant deux à trois ans ! Contrairement à la plupart des mères phoques, les otaries à fourrure et les lionnes de mer doivent s'alimenter pendant qu'elles allaitent leurs petits. Elles n'ont pas suffisamment de graisse sur le corps pour jeûner. Ces mères nourrissent leurs petits pendant quelques jours et les quittent ensuite pour trouver à manger dans l'océan. Ce sont les petits qui jeûnent pendant que leur mère est partie. Après avoir mangé durant plusieurs jours, la mère retourne auprès d'eux pour les nourrir à leur tour. Quand les petits grandissent, ils apprennent à trouver eux-mêmes leur nourriture. La mère passe de plus en plus de temps dans l'océan et puis, un jour, elle ne revient plus allaiter ses petits.

Cette mère phoque du Groenland s'est couchée sur le côté pour allaiter son petit.

À table !

Les phoques et les otaries sont des prédateurs. Les proies qu'ils chassent varient selon les espèces. Ils mangent généralement différentes sortes de proies, par exemple des pieuvres, des poissons, des crabes, des palourdes, des calmars, des crevettes et des manchots. Certains, comme les otaries à fourrure du Sud et les otaries de Steller, mangent aussi d'autres espèces de phoques ou d'otaries. Pour trouver leurs proies, les phoques et les otaries peuvent parfois plonger plusieurs fois de suite sous l'eau. Ils remontent à la surface pour de courtes périodes entre les plongées. La plupart des phoques et des otaries ont des dents tranchantes qui leur permettent d'agripper leurs proies, mais ils ne mastiquent pas leur nourriture. Ils avalent leurs proies tout rond ou les déchirent en morceaux.

Le phoque crabier

Le phoque crabier se nourrit de minuscules animaux semblables à des crevettes, qu'on appelle du « krill ». Ce phoque a des dents spéciales qui lui permettent de filtrer l'eau pour retenir la nourriture qu'elle contient. Le phoque crabier commence par aspirer de l'eau et du krill dans sa bouche. Ensuite, il referme la bouche et en expulse l'eau. Le krill reste pris entre les dents du phoque, qui peut alors avaler son repas.

Le léopard de mer, comme celui qu'on voit ci-dessus, se nourrit de krill, de manchots, de poissons et des petits d'autres espèces de phoques. Ses dents ne sont cependant pas assez tranchantes pour lui permettre de mordre dans la chair de ses proies. Alors, une fois qu'il les a attrapées, il les secoue jusqu'à ce que leur chair se détache.

Un maillon de la chaîne

Tous les animaux doivent manger des plantes ou d'autres animaux pour survivre. C'est ce qui leur procure leur énergie. La série d'êtres vivants dans laquelle chaque individu sert de nourriture au suivant s'appelle une « chaîne alimentaire ». L'énergie se transmet ainsi d'un être vivant à l'autre. Quand un animal d'une chaîne alimentaire mange un animal qui fait partie d'une autre chaîne alimentaire,

ces deux chaînes se réunissent. Plusieurs chaînes alimentaires ainsi réunies forment ce qu'on appelle un réseau alimentaire. Dans le réseau alimentaire représenté ci-dessous, les flèches pointent vers les êtres vivants qui bénéficient de l'énergie des autres. Par exemple, les flèches montrent que les manchots mangent des harengs, et qu'ils se font manger à leur tour par les épaulards et les léopards de mer.

krill

plancton

phoque
de Weddell

manchot

calmar

léopard
de mer

Tout est relié

Tous les êtres vivants qui font partie du même réseau alimentaire sont reliés entre eux. Avec les objets inanimés qui se trouvent dans la même zone, ces êtres vivants forment un écosystème. Les animaux, les plantes, les pierres, la glace et même l'eau sont tous des éléments des écosystèmes marins. Les phoques et les otaries aident à maintenir l'équilibre de ces écosystèmes en mangeant les animaux faibles ou malades. Ils contribuent à garder les populations fortes et en santé puisqu'ils en suppriment les membres les plus faibles. Les phoques et les otaries constituent aussi d'importantes sources de nourriture pour d'autres prédateurs, comme les ours polaires, les épaulards et les requins.

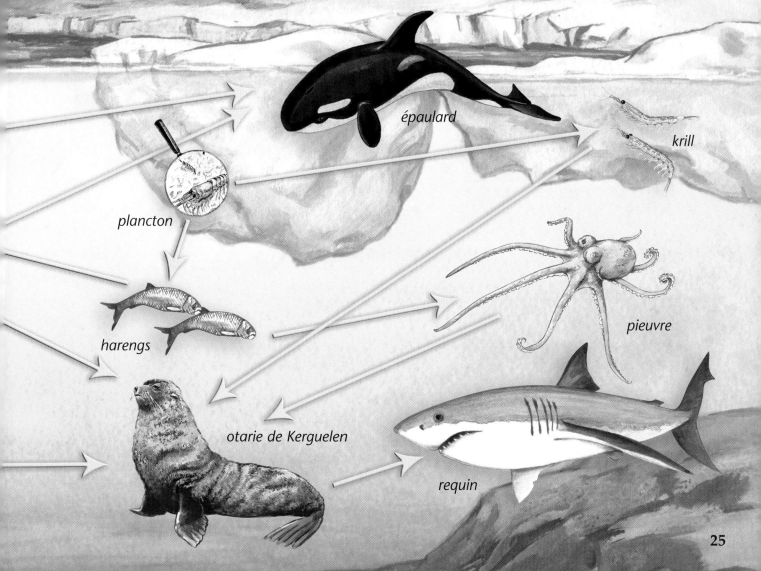

épaulard

krill

plancton

pieuvre

harengs

otarie de Kerguelen

requin

25

Différents types de chasse

Les Autochtones, et en particulier les Inuits, chassent les phoques et les otaries depuis des milliers d'années. Ces animaux leur fournissent de quoi se nourrir, se chauffer et se vêtir. Ce type de chasse, qui permet aux humains de se procurer la nourriture et les produits dont ils ont besoin pour survivre, s'appelle « chasse de subsistance ». Il n'entraîne pas de gaspillage parce que les chasseurs utilisent presque toutes les parties des animaux qu'ils attrapent.

La chasse commerciale

Depuis des siècles, les chasseurs **commerciaux** capturent des phoques et des otaries pour faire de l'argent. Ils tuaient autrefois ces animaux en grand nombre pour leur graisse, qui servait à fabriquer du savon et d'autres articles. Ils chassent aussi les phoques pour leur fourrure. Les peaux sont vendues et transformées en manteaux. La chasse commerciale est une source de gaspillage parce que les chasseurs prennent seulement les parties qu'ils peuvent vendre et jettent le reste.

Ce chasseur a attrapé un phoque, qui lui permettra de nourrir toute sa famille.

Dans le passé, beaucoup de chasseurs commerciaux tuaient des phoques nouveau-nés et faisaient beaucoup d'argent en vendant leur peau.

Des animaux trop gourmands

De nos jours, les gens qui exploitent des **pêcheries** font souvent la chasse aux phoques et aux otaries pour les empêcher de manger trop de poissons. Certains disposent même des **appâts** empoisonnés dans les endroits où ces animaux se nourrissent, dans l'espoir de les éliminer.

Chasse interdite

Aujourd'hui, la plupart des pays limitent le nombre de phoques et d'otaries qu'il est permis de capturer. Il est même complètement interdit de les chasser à certains endroits, mais cette interdiction n'est pas toujours respectée. L'industrie de la pêche commerciale est visée elle aussi par certaines restrictions. Par exemple, les pêcheurs n'ont plus le droit de se servir de certains types de filets dans lesquels des phoques, des otaries ou d'autres animaux se prenaient parfois. On appelle « prises accessoires » les animaux qui sont ainsi capturés accidentellement dans des filets destinés à attraper d'autres animaux.

Il arrive que des phoques ou des otaries se prennent dans des filets de pêche jetés par les pêcheurs. Souvent, ils sont blessés ou se noient. Ceux qui survivent peuvent en garder des cicatrices toute leur vie.

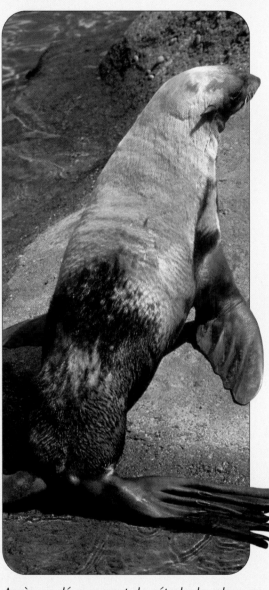

Après un déversement de pétrole, les phoques et les otaries (comme celle qu'on voit ici) nagent à travers le pétrole quand ils montent à la surface pour respirer. Ce pétrole leur irrite les yeux, les narines et la peau.

Plusieurs espèces de phoques et d'otaries ont du mal à s'adapter aux changements qui affectent leur habitat depuis quelque temps. Un habitat, c'est l'endroit où on retrouve un animal dans la nature. Quand les gens dégradent l'environnement, l'habitat terrestre et l'habitat marin des phoques et des otaries se dégradent aussi.

De l'eau sale

La pollution des océans tue beaucoup de phoques et d'otaries. Les navires laissent parfois fuir dans la mer du pétrole, de l'essence et d'autres produits chimiques toxiques. Et, lorsqu'il y a des déversements de pétrole, les vapeurs empoisonnées qui s'en échappent peuvent aussi être mortelles. De plus, quand les gens utilisent des **pesticides,** des produits chimiques qu'on appelle « composés organochlorés » aboutissent dans les océans et sont absorbés par les animaux marins. Quand les phoques et les otaries mangent des poissons et d'autres animaux dont le corps contient ces produits chimiques, ils sont malades. Ils peuvent également devenir stériles. Comme ils ne sont plus capables d'avoir des bébés, leurs populations ne peuvent pas augmenter. Au contraire, elles diminuent graduellement.

Des espèces menacées

Certaines populations de phoques et d'otaries sont très réduites, même s'il est interdit de les chasser partout dans le monde. Beaucoup d'espèces sont menacées, c'est-à-dire qu'elles risquent de disparaître de leur habitat. La **destruction de l'habitat** est la principale cause du déclin des populations de phoques et d'otaries. Ainsi, les deux espèces de phoques moines – celui de la Méditerranée et celui d'Hawaï – sont menacées, tout comme les otaries de Steller. Les scientifiques s'inquiètent également de la diminution des populations de plusieurs espèces d'otaries à fourrure, qui pourraient bientôt être menacées elles aussi.

Un accroissement lent

Les mères phoques et les mères otaries ne donnent naissance qu'à un seul petit par année. Par conséquent, les populations s'accroissent lentement. Quand il meurt beaucoup d'animaux à cause de la chasse, de la pollution et de la destruction de l'habitat, le nombre de femelles qui peuvent avoir des petits diminue. De plus, certains des animaux qui meurent sont encore jeunes ; ils ne deviendront pas adultes et ne pourront pas faire des bébés à leur tour. Il se pourrait donc que plusieurs autres espèces de phoques et d'otaries soient un jour menacées.

Il n'y a pas très longtemps, il existait une troisième espèce de phoque moine : le phoque moine des Caraïbes. Cette espèce est maintenant disparue, ce qui veut dire qu'on ne la trouve plus nulle part sur la planète.

Les phoques moines et les otaries de Steller (comme celles qu'on voit ci-dessus) sont aussi menacés parce que des gens pêchent en trop grand nombre les proies dont ils se nourrissent. C'est ce qu'on appelle faire de la « surpêche ».

Les scientifiques étudient les phoques et les otaries pour mieux connaître leurs habitudes de vie. Ils s'efforcent aussi de les compter pour savoir si leurs populations déclinent ou non. Ils effectuent généralement ces études dans les roqueries parce qu'il est plus facile de compter les animaux et d'observer leur comportement quand ceux-ci sont sur la glace ou sur la terre ferme.

Marqués pour la science

Les scientifiques peuvent difficilement observer les habitudes alimentaires des phoques et des otaries qui plongent en profondeur. Ils leur implantent donc un **émetteur radio** pour les étudier. Grâce à l'information recueillie par cet émetteur, ils peuvent découvrir à quelle profondeur chaque animal plonge, pendant combien de temps et à quelle fréquence.

Les émetteurs aident les scientifiques à recueillir de l'information sur les phoques et les otaries lorsque ces animaux plongent dans des endroits difficilement accessibles.

Protection des populations

Les scientifiques et les gouvernements travaillent souvent en collaboration pour protéger les phoques, les otaries et les autres mammifères marins. Ensemble, ils ont élaboré des lois qui visent par exemple à interdire la chasse, à protéger les roqueries et à empêcher le trafic des produits provenant des mammifères marins. Dans le monde entier, des gens unissent aussi leurs efforts pour créer des sanctuaires marins. Ce sont des zones, dans l'océan ou sur la terre ferme, où les activités des humains sont restreintes. La réserve marine des Galápagos, par exemple, est un sanctuaire marin situé dans le parc national des Galápagos. De nombreuses espèces, dont l'otarie à fourrure des Galápagos et le lion de mer des Galápagos, sont protégées dans ce sanctuaire établi par le gouvernement de l'Équateur.

Ces lions de mer des Galápagos vivent dans la réserve marine des Galápagos, en Équateur.

Glossaire

appât Nourriture ou autre produit utilisé pour attirer et capturer des oiseaux, des poissons ou d'autres animaux

commercial Se dit d'une activité qui vise à gagner de l'argent

continent Vaste étendue de terre entourée d'océans, par opposition aux îles, qui sont beaucoup plus petites

destruction de l'habitat Destruction de l'endroit où vit un animal ou une plante dans la nature

eau douce Eau qui ne contient pas de sel, comme celle des lacs et des rivières

éléments nutritifs Substances naturelles qui aident les animaux à se développer

émetteur radio Appareil qui permet aux scientifiques de suivre les déplacements des animaux

équateur Ligne imaginaire qui entoure le centre de la Terre

membrane Mince couche de tissu vivant

mer polaire Vaste étendue d'eau froide située près du pôle Nord ou du pôle Sud

muer Changer de peau, de plume ou de poil

organe Partie du corps (les poumons, par exemple) qui effectue une tâche importante

oxygène Gaz présent dans l'air et dans l'eau, et que les plantes et les animaux doivent respirer pour vivre

pêcherie Zone consacrée à la capture de poissons et d'autres animaux marins en vue de leur vente

pesticide Produit chimique servant à tuer les organismes nuisibles, comme certains insectes

population Ensemble des animaux d'une espèce qui vivent dans un secteur donné

prédateur Animal qui chasse d'autres animaux pour les manger

pupille Trou noir circulaire au centre de l'œil, par où passe la lumière

saison des amours Période de l'année pendant laquelle les animaux s'unissent à d'autres membres de leur espèce pour faire des bébés

Index